Von Shambhala bis zum Ende des Universums

LICHT-HYPNOSE: Reiseberichte aus einer anderen Welt

von Heinz Dimter & Iliya

Heinz Dimter
Heilpraktiker für Psychotherapie
Online-Praxis für Psychotherapie und Hypnose
www.Psychotherapie-in-Chemnitz.de

Art & Design by BINE
Illustrationen AI-unterstützt

ISBN: 9798883203892

Inhaltsverzeichnis

Vorwort
LICHT-HYPNOSE - Reisen mit der Merkaba

Bei der Licht-Hypnose, mittels derer die hier beschriebenen Reisen durchgeführt wurden, handelt es sich um ein neu entwickeltes Hypnose-Verfahren, das in einem spezifischen hypnotischen Trancezustand, den wir als „Ebene Z“ bezeichnet haben, stattfindet.

Hier wird die Verbindung zur Lichtarbeit hergestellt, wie sie in verschiedenen einschlägigen Büchern beschrieben wird.

Das Problem ist, dass die dort geschilderte Methode bei normalem Wachbewusstsein nur äußerst schwer durchzuführen ist.
Etwa 2018 habe ich erste Versuche mit Hypnose unternommen, die diese Schwierigkeiten umgehen, seit ca. 3 Jahren praktiziere ich die LICHT-HYPNOSE, was es ermöglicht, Reisen zu beliebigen Orten des Universums als auch zu jedem beliebigen Zeitpunkt der Vergangenheit wie auch der Zukunft durchzuführen.

Wir befinden uns jetzt mitten in der spirituellen Hypnose, bei der Bewusstheitsgrad und Stand der Seelenentwicklung als individuelle Faktoren an Bedeutung zunehmen.

Es ist also das Erlebnis eines Menschen, der Antworten sucht und schließlich die ultimative Erfahrung macht - die Beantwortung der Frage:
„Wer bin ich, wo komme ich her und was ist meine Bestimmung auf dieser Erde?".

Was sich hier kompliziert anhört, ist praktisch relativ einfach durchführbar geworden, deshalb wünsche ich jetzt eine interessante Lektüre der Erfahrungsberichte meiner Klientin, deren Reisen im Jahre 2021 begannen und bis heute weitergeführt werden.

Einleitung: Wie alles begann

Hier wie auch in den Folgeberichten verzichte ich auf die Schilderung der Hypnose selbst, obwohl diese es natürlich erst möglich macht, so etwas zu erleben, wie ich es seit nunmehr drei Jahren erfahre.

Es gibt in der Hypnose diesen Zustand der tiefsten Entspannung, der tiefsten hypnotischen Trance, der als Ort der Sicherheit und Geborgenheit bezeichnet wird. Für mich ist es eine Wohlfühloase, die sich am Strand einer kanarischen Insel befindet und wo meine Schilderungen deshalb immer beginnen. In diesem speziellen hypnotischen Zustand, den ich als „Ebene Z" kennengelernt habe, wurden die hier beschriebenen spirituellen Erfahrungen gemacht, die man dem Wesen nach als Licht-, Geist- oder Mentalreisen bezeichnet könnte.

Vieles klingt wie Fantasie und doch ist es real wie unser Leben, nur sprengt es die Grenzen, die dem physischen Körper auferlegt sind und erschließt bisher unbekannte Dimensionen von Raum und Zeit. Jedwede Begrenzungen scheinen hier aufgehoben zu sein.

„Obwohl diejenigen mit besonderer Zugehörigkeit tatsächlich in der Lage sein können, durch ihre karmische Verbindung dorthin zu gelangen, ist es dennoch kein physischer Ort, den wir tatsächlich finden können. Wir können nur sagen, dass es ein reines Land ist, ein reines Land im menschlichen Reich. Und wenn man nicht den Verdienst und die eigentliche karmische Verbindung hat, kann man dort überhaupt nicht ankommen"

Zitat von **Tenzin Gyatso, 14. DALAI LAMA,**
über **SHAMBHALA**

I
Reisebericht vom 20. Februar 2021 - Eine mysteriöse Insel taucht auf

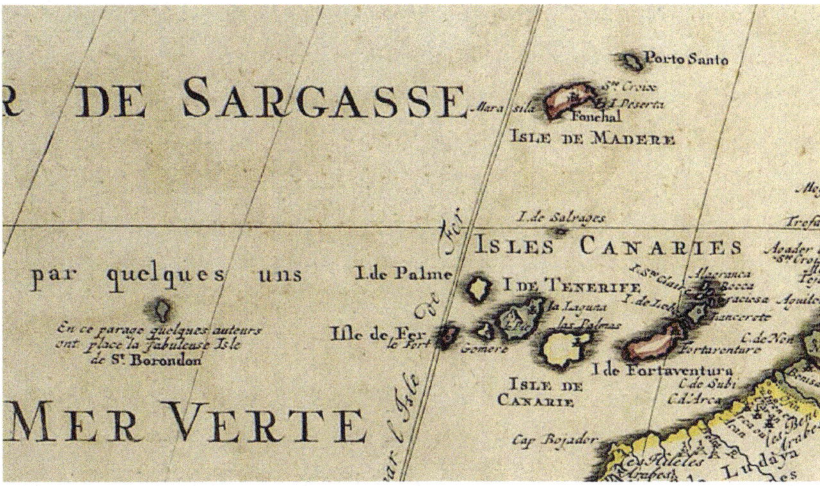

Ich befand mich am Playa del Ingles, ziemlich weit hinten am Felsgeröll, es muss Anfang/Mitte September gewesen sein, da der Strand noch relativ breit war. Ich lag dort auf einer bunten Decke und schaute mir die Felswand neben mir an und blickte dann raus aufs Meer. Neben La Palma am Horizont erschien das Relief einer zweiten Insel.

Die Sicht muss sehr klar gewesen sein, da ich die andere Insel sonst noch nie gesehen habe. Als ich mich entspannte, stieg mein Geist aus meinem Körper aus und trat aufs Meer. Dieser Geist wurde in seiner Statur größer und setzte sich im Schneidersitz in Höhe von La Palma aufs Wasser. Links von mir die eine Insel und vor mir die andere.

Vor der zweiten Insel trieb ein Segelboot, sehr gut erhalten - ich würde sagen etwa 15.Jahrhundert. Die Insel war dunkelgrün und üppig bewachsen, sie bestand ebenfalls aus einem Berg, die Strände waren hell - untypisch für die Kanaren.
Auf der Insel sah ich einen großen Papagei: einen Tukan (meines Wissens nach eher in tropischen Regionen zu Hause). Ich bin um die Insel gelaufen, mehrere Runden und sie wirkte komplett wie unberührte, üppige Natur. Ich habe die Insel eine ganze Weile beobachtet und bin dann wieder zurück zum Ausgangspunkt gegangen.

Es ist also möglich, dass es sich um die legendäre Insel San Borondon handelt, zumal sich später gezeigt hat, dass diese Insel eine Portalfunktion zwischen äußerer und innerer Erde hat.

Seltsam oder auch spannend war: Auf dem Weg in die Hypnose wurden meine Augen schwarz und ich sah Energiepunkte tanzen.

II
Reisebericht vom 20. März 2021 - Die zweite Reise nach San Borondon

Ich war am Strand von Gomera, breitete wie immer meine Decke an selbiger Stelle aus, legte mich hin und schloss die Augen. Noch bevor ich darüber nachdenken konnte, sah ich mich von der Ferne, diesmal wie ein Beobachter. Ich fand mich etwas schwerer in den Geist ein, da ich zu schnell zu seicht in der Hypnose war - die Selbsthypnose fällt mir schwer.

Das änderte aber nichts daran, dass ich mich nach einigen Sekunden, gefühlt Minuten, auf dem Wasser befand und wieder in Höhe von La Palma war. Ich drehte mich kurz um und sah mich am Strand von La Gomera liegen. Erst war ich größer, als ich übers Wasser lief, dann recht klein.

Vor San Borondon war ein Nebel, ich habe alles sehr verschwommen gesehen. Ich dachte nicht, dass ich hineinkomme, doch dann sah ich so etwas wie ein kleines Tor. Ich bin einfach durchgegangen und stand am Strand. Ich war gefühlt normal groß, aber der Strand und auch die Palmen wirkten riesig-überdimensional groß. Die Palmen und Pflanzen hinter dem Strand waren so dicht wie in einem Urwald.

Die großen Palmen bildeten ein Tor. Sie griffen über einem Weg aus Sand ineinander. Es war sehr dunkel, wenn man dorthin blickte. Aber nichts wirkte in irgendeiner Form beängstigend. Im Gegenteil, ich fühlte mich nicht alleine. Ich bin den Weg gegangen, es war schattig, aber nicht dunkel. Am Ende des Weges war ein großer Felsen, rötliches Gestein. Ich kann mich erinnern, dass ich nicht das Gefühl hatte, von Tieren umgeben zu sein.

Vor dem Felsen angekommen, sah ich nach oben und sah Vögel kreisen. Ich habe nicht erkannt, was es für welche waren. Links und rechts neben dem Felsen war kein Weg. Man konnte aber entlang stolpern, weil die Pflanzen nicht bis heran gewachsen waren.

Ich ging nach links und erkannte eine Art Treppe: Von der Natur geformt, aber in Stufen nachgearbeitet. Ich ging hinauf, gefühlt nicht weit. Auf dem Rückweg habe ich dann aber gesehen, dass es doch recht hoch war.

Dort war ein Spalt im Felsen, wie eine Höhle. Man konnte hinein sehen. Ich habe hinein geschaut und beobachtet. Es war hell und in dem Felsen waren wunderschöne türkis-blaue Seen.
Ich bin hinein geklettert. Ich hatte den Eindruck, hinter mir an der Wand im Inneren lauert etwas, aber es war eher wie ein Tier, das sich vor Angst oder Unsicherheit versteckt. Es war nicht beängstigend. In der Höhle angekommen, habe ich mich umgesehen.
Es war wie im Paradies. Es gab endlos viele Schmetterlinge, Orchideen, die an den Felswänden hingen und Sonnenlicht, das durch Spalten in der Decke herein schien. Man konnte in das Wasser hinein sehen. Es war aber nicht dauerhaft glasklar und der Rand war sehr hell, fast schon weiß. Fische hat man gesehen, aber dann war das Bild der Fische wieder weg. Ich habe mich in der Höhle umgesehen und die Schmetterlinge beobachtet.

Dann habe ich einige Meter von mir weg eine männliche Person gesehen. Sie wirkte unbeirrt und keineswegs beängstigend. Die Person hat mich beobachtet und sich dann hingesetzt. Sie saß am Wasser und hat hineingesehen. Ich ging hin und habe mich daneben gesetzt. Es war ein junger Mann, mit langen Dreadlocks zum Zopf gebunden, kein Bart, Leinenkleidung und feste, aber schon abgetragene Schuhe. Es war keine aktuelle Kleidung, zeitlich schwer einzuordnen. Er schaute mich an, wir redeten nicht miteinander, aber wir kannten uns. Als wäre ich einige Tage wandern gewesen und man hätte sich dort wie verabredet wieder getroffen, als wäre es völlig normal. Reden konnten wir nicht. Ich sollte ihn telepathisch fragen, wie er heißt. In meinem Kopf sausten einige Namen umher aber es kam keiner wirklich an, wobei die Tendenz zu "John" ging.

Ich fragte ihn auf selbigem Weg, ob wir uns wieder sehen, und er lächelte und zuckte mit den Schultern.

Ich schaute auf die andere Seite der Höhle. Dort war noch ein Plateau mit einem Eingang, aber wesentlich weiter oben. Ich beobachtete das Paradies noch etwas und ging dann zurück zu dem Eingang, über den ich kam. Dort stand nun eine Leiter, aus Bambusstämmen gebunden. Ich ging hinauf und blickte in die Sonne, dann den Fels nach unten, sah wie hoch es doch war und ging die Stufen wieder hinunter.

Am Strand angekommen drehte sich meine Person wieder in die Form eines Geistes, wirbelte durch die Luft zurück nach La Gomera, wo ich zurück in meinen Körper ging und leider zurück ins Hier und Jetzt musste, denn die Reise war herrlich!

III
Reisen vom 15. Mai 2021 und zwei Wochen später - Über San Borondon zur Inneren Erde

Unsere erste Reise begann wie immer am Strand von La Gomera. Wir sind gestartet und auf diese kleine Insel geflogen, jenes sagenumwobene San Borondon aus der Geschichte. Dort angekommen, bin ich wieder durch diesen Urwald in Richtung Berg gegangen und dann um die Insel herum.

Diesmal war jedoch alles zugewachsen. Es schien ein anderes Zeitfenster zu sein. Meine Kleidung glich der von Indiana Jones.

Ich habe die Treppe dennoch gefunden und auch den Eingang. Vor dem See stand eine weiße Lichtgestalt. Sie war männlich. Ich bin zu ihr gegangen und es öffnete sich hinter dem See ein Spalt im Felsen. Diesen hatte ich bisher noch bemerkt. Durch den Spalt schien so helles Licht, dass ich fast nichts mehr sehen konnte.
Wir sind hindurchgegangen, die Lichtgestalt ging vornweg. Wir standen auf einem Plateau. Hinunter ging eine Hängeleiter und mein Begleiter stieg hinab. Ich ging mit und habe gesehen, wie er sich am Ende der Leiter fallen ließ.

Ich hatte keine Angst und tat selbiges. Es dauerte nicht lange, da schwebte er unter mir als Lichtsichel. Ich selbst wurde ebenfalls eine. Wir flogen. Wir flogen bis zu einem Landepunkt unter uns. Als wir über einer freien Wiese schwebten, kamen wir beide in die Senkrechte und landeten.

Meine Kleidung änderte sich ebenfalls zu einer weißen Lichtgestalt. Um uns herum erschienen auf einmal sehr viele menschliche Gestalten. Alle sehr hell gekleidet, Pastelltöne und es kam ein Mann auf mich zu, welcher weiß gekleidet war und lange graue Haare und einen Bart trug. Wie sich bei der nächsten Reise herausstellen sollte, gehörte er zur weißen Bruderschaft.

Hier endete auch schon unsere Reise und wir mussten zurück. Ich bedankte mich, visualisierte eine helle Kugel, welche von einem Teil der dazu kommenden Wesen energetisiert wurde. Sie hoben ihre Hände und verabschiedeten meine Kugel.

Unsere zweite Reise begann genauso, nur flog ich direkt mit der weißen Lichtkugel zu dem Landepunkt. Ich wurde von einer Person empfangen, die mich zu dem dortigen Ort begleitete.
Der Eingang war ein optisch sehr weiches harmonisches mit roten Rosen bewachsenes Tor. Wir gingen hindurch und die Straße wirkte wie aus Sandstein. Häuser waren da, manche hatten Dächer, manche nicht. Die Optik war hell, rund und weich.

Wir hoben ab in die Höhe, um von oben darauf zu schauen, und ich sah ein imposantes Gebäude. Ich fragte, ob wir dort hin könnten und man bejahte dies.

Wir standen vor einem Gebäude, das einer Kirche glich. Es war aber keine Kirche, Religion spielt dort keine Rolle, nur der Glaube an sich.
Das Gebäude war auch nicht direkt physisch da, es war aus Licht. Das Tor öffnete sich und es schritt eine sehr alte männliche, in weiß gekleidete Gestalt heraus.

Hinterher kamen weitere Lichtwesen, weiße ältere Herren, u.a. der Herr aus der ersten Reise.
Ich fragte, wer der Ältere sei und er deutete zur Sonne, vielleicht „Ra“?

Die Herren drehten sich um und gingen zurück. Das Gebäude löste sich auf. Die Reise war zu Ende.

Wir gingen zurück. Ich fragte noch, ob wir in der Nähe von Agartha wären und man deutete ein Ja an. Ich verabschiedete mich und flog zurück.

Es waren zwei unbeschreiblich schöne Reisen, und ich werde meine Berichte in Zukunft wieder eher verfassen. Dann sind die Erinnerungen noch frischer.

IV
Reisebericht vom 11. September 2021 - Eine Versammlung der Weißen Bruderschaft

Am Strand von La Gomera hob ich ab, flog in Richtung Insel und landete erst mal auf dem Podest. Von dort aus flog ich wieder über eine Wolkendecke, welche eher etwas grau schien, erreichte den Bereich dazwischen und landete auf der Freifläche, meinem „Landeplatz“ in Agartha.
Meine Kleidung war ein pastellfarbenes Gewand.

Ich ging auf den Ort zu, welcher von einer sehr niedrigen Sandsteinmauer umgeben war. Es war ein Tor zu sehen, der Sandsteinbogen ging über das Tor und war mit Rosen bewachsen. Das Tor war wie ein Burgtor, nur sehr viel kleiner - Holzbohlen sehr hübsch verziert mit goldenen Beschlägen. Es waren zwei Ringe zu sehen, mit denen man klopfen konnte.

Ich klopfte und es öffnete der junge Mann, den ich bereits mehrfach getroffen hatte. Es war sehr vertraut und freundlich. Wir gingen hinein. Wir wollten zur Weißen Bruderschaft, doch diese war nicht in der Kathedrale.

Man zeigte mir eine Projektion außerhalb des Ortes mit einer kreisförmigen Freifläche, auf der die Bruderschaft zu sehen war.

Der Weg ging Richtung Kathedrale, davor rechts vorbei an Häusern entlang (jeder scheint selbst entscheiden zu können, welchen Zustand das eigene Haus annehmen kann - mit Dach oder ohne, blickdichte oder durchlässige Wände - es ist alles wie holografisch.

Es erschien ein Tor, gleich dem ersten Eingangstor. Wir gingen hindurch und blieben kurz danach stehen, da sich einige Meter entfernt auf einer riesigen Freifläche die Bruderschaft befand.

Es öffnete sich ein Lichtregen über mir, ich hob die Hände und meine Gestalt änderte sich in ein langhaariges blondes Wesen mit einem elfenartigen Gewand in Weiß. Ich ging auf die Bruderschaft zu. Parallel zur Verwandlung wurden wir von dem älteren Herren mit langen grauen Haaren und Bart gesehen und er wies mich in seine Richtung. Bei ihm angekommen, durfte ich dem Kreis beitreten.

Zu sehen waren viele Herren, ein großer Kreis weißer Herren, aber auch farbig gekleideter Männer.
Frauen konnte ich nicht wahrnehmen, aber es waren auch sehr viele Menschen. Sicher waren auch Frauen darunter. Ich fragte nach dem Anlass der Versammlung.

Der Anlass war das Licht. Man macht sich keine Sorgen um das Licht dort vor Ort. Das Problem ist die Dunkelheit bei uns auf der Erde, welche ihre Ursache jedoch von weiter her findet.

Ich fragte den mir bekannten Herren nach seinem und meinem Namen. Er deutete mir an, er wäre ein Elohim und mein Name wäre Iliya.

Wir fragten, ob wir wieder kommen dürften, um das Thema Licht und Dunkelheit besprechen zu können und man deutete eine Zustimmung an.

Ich verabschiedete mich in großer Dankbarkeit für den Empfang und dafür, in den Kreis der Weißen Bruderschaft aufgenommen worden zu sein.

Meine Gestalt verwandelte sich wieder zurück. Wir gingen durch den Ort, dieser ist sehr harmonisch und hell. Ich ging durch das Tor und machte mich auf den Rückweg.

Es war super schön und sehr spannend!

Wer oder was ist Iliya? Ich hatte diesen Namen noch nicht gehört. Da gibt es wieder einiges, was ich noch zu erforschen habe!

V
Reisebericht vom 27. November 2021 - Ein Schleier liegt über der Erde

Wir starteten wieder in Gomera am Strand mit der Glaskugel.

Ich hatte erst Schwierigkeiten, die Bilder richtig zu visualisieren - das lag wahrscheinlich an der aufregenden Woche. Aber es ging dann doch ganz gut.

Meine Gestalt änderte sich mit dem Erreichen der Kugel. Ich war eine Frau mit langen weißen Haaren und weißer Kleidung. Wir flogen zur Inneren Erde.

Dort angekommen, war es schon etwas merkwürdig - anfänglich dachte ich, es läge an der schwierigen Visualisierung. Es fühlte sich ungewohnt leer und grau an. Dort war niemand zu spüren. Ich ging auf das Tor zu, aber mein Klopfen wurde nicht gehört.

Erst als ich die Arme links und rechts nach oben hob und Licht strahlen ließ, wurde ich wahrgenommen und unser regelmäßiger Begleiter öffnete. Wir gingen hinein. Der Ort war gefühlt leer. Sonst war es sehr hell und voller Energie. An dem Tag jedoch wirkte es leer.
Wir gingen zur Kathedrale. Ich ging die Stufen hinauf und klopfte. Es öffnete ein Mann - er war in einem schwarzen Frack gekleidet, wirkte sehr schick - wie ein Diener.

Die Kathedrale war sehr hell erleuchtet, sehr viele Smaragde und Edelsteine, die das Licht spiegelten und im Raum ein runder weißer Tisch mit 6 bis 7 Personen daran sitzend. Es waren zwei Stühle frei, einer davon vorn-links und ich durfte mich setzen.

Mir schräg gegenüber war ein weiterer Stuhl und aus dem Raum kam eine Frau mit weißem Gewand, welches mit Silberstreifen geschmückt war. Sie war mir sehr ähnlich im Aussehen und noch jung - im Vergleich zu den betagt wirkenden weißen Männern.

Ich fragte, was passiert sei und man teilte mir mit: Es liegt ein grauer Schleier über der Inneren Erde und die Herren bilden ein Energieschild aus Licht, welches den Ort schützt. Mir erschien ein Bild, welches eine Kuppel darstellte, auf der ein grauer Nebel oder Schleier lag. Ich fragte, was das sei.

Wir erfuhren, dass der Schleier von der Erde kommt. Es wäre aber unbedenklich - man könne es abschirmen, aber es kostet viel Energie. Dieses weiße Licht stieg dauerhaft intensiv empor in die Spitze der Kathedrale. Wir fragten, was es auf der Erde sei, das diesen Schleier produziert.

Von dem Moment an merkte ich, wie meinen Körper die Energie verließ. Es wurde tatsächlich anstrengend. Als ich das merkte, kam ein Bild nach dem anderen und mein Kopf wurde etwas wirr.

Ich habe eine Energiequelle im Universum gesehen, die sich auftat. Ich habe gesehen, wie sich der dunkle Schleier um die Erde legte. Ich habe gesehen, wie Menschen und andere Lebewesen diese Energie empfangen haben und ferngesteuert schienen. Ich habe aber auch gesehen, dass wir es abschirmen können - analog zur Weißen Bruderschaft: Mit positiver Energie, mit Licht, welches wir in uns tragen.
Du hast mich gefragt, wie wir das tun könnten, da wir nicht die Macht haben wie die Weiße Bruderschaft.

Und ich habe am Ende gesehen, wie die Weiße Bruderschaft Energie bündelt - sie hält sich an den Händen und legt gemeinsam die Hände auf die Tischplatte, um Licht zu senden. So können wir unsere Energie bündeln und senden.

Gefragt habe ich die Dame am Tisch, ob sie mich im Hier und Jetzt besuchen könnte und sie nickte mir zu. Ich fragte, wie ich sie erreichen kann und

sie gab mir das Gefühl mit: jederzeit, wenn ich meine Energie sammle und sie im Geist anrufe.
In dem Moment sah ich mich beim Yoga und sah einen weißen Schleier im Rücken.

Als du deine letzten Fragen gestellt hast, habe ich nicht mehr gesprochen oder mich artikuliert - man hatte den Eindruck, sie hören dich durch mich sprechen.
Ich habe mich danach verabschiedet und bin den Weg zurück gegangen, der mich letztlich wieder ins Hier und Jetzt führte.

Danach hatte ich so viele Bilder im Kopf, dass ich vor Erschöpfung fast eingeschlafen wäre.
Das beschäftigt mich sehr und ich bin gespannt, was sich noch zeigen wird. Die Bilder sind unbeschreiblich und es ist immer anders, doch das Gefühl und die Energie sind immer da.

VI
Reisebericht vom 11. Dezember 2021 - Ein dunkles Portal wird sichtbar

Wir starteten wie immer am Strand von La Gomera.

Die Lichtkugel war in Strandnähe entstanden, startete jedoch wie immer etwas weiter davon entfernt. Die Reise geht immer über die Insel San Borondon, zumindest um die Insel herum.

Sie ist wie ein Tor. Der Nebel vor der Insel war dicht und sie schien weiter weg. Irgendwann habe ich es doch geschafft, die Kugel über die Wolken zu lenken. Es war wie ein Nebel, der über dem Untergrund zu sein scheint. Es öffnete sich wieder eine Lücke unter mir und ich konnte landen.

Ich stieg als Lichtgestalt aus der Kugel: ein langes weißes Kleid mit langer Schleppe. Auffällig war das sehr frische grüne Gras unter meinen Füßen und die Helligkeit, die sich zeigte. Auch war über dem Eingangstor wieder ein Rosentor gewachsen. Beides war zur letzten Reise nicht zu sehen, alles wirkte damals eher grau.

Es öffnete eine uns bisher unbekannte Person das Tor. Die Person war männlich, etwa 30 Jahre alt, dunkle Haare, dunkler Bart, dunkel gekleidet, aber sehr sympathisch.

Diese Person habe ich vorher noch nicht gesehen. Sie begleitete mich über die bekannte Straße in Richtung Kathedrale. Mir schien reges Treiben in dem Ort zu herrschen, aber gesehen habe ich niemanden.

Es könnten unterschiedliche Frequenzen gewesen sein, in denen man sich bewegt. Alles wirkte wieder freundlicher und friedlicher im Vergleich zum letzten Aufenthalt.

Am Fuße der Kathedrale blieb der junge Mann stehen und ich ging die Treppe hinauf.

Es öffnete der bereits bekannte Herr der Weißen Bruderschaft das Tor. Der Tisch stand nach wie vor im Raum, vier Herren und die Dame standen um ihn herum, zwei Herren saßen schon und ich durfte mich dazu setzen. Als alle Platz genommen hatten, ging wieder eine enorme Energie von dieser Runde aus.

Die Dame legte die Hände in die Mitte des Tisches, nach oben geöffnet.

Jeder stapelte seine Hände darüber. Als alle Hände übereinander lagen, bildete sich über den obersten Händen eine leuchtende Kugel, die sehr viel Licht absonderte. Überhaupt schien die Gefahr von der letzten Reise wieder gebannt zu sein.

Das abschirmende Schild hatte seinen Zweck erfüllt und nur über der Kathedrale war noch eine dunkle Sichel zu sehen. Der Ort selbst war wieder hell. Als ich fragte, was die Gefahr ist, wurde der Tisch dunkel.

Es zeigte sich das Bild des Universums mit einer sehr dunklen Stelle, wie eine Öffnung in der Nähe der Erde, vermutlich ein Tor, besser ein Portal.

Mehr konnte ich nicht sehen, aber ich vermute, hierbei handelt es sich um ein Tor zwischen Raum und Zeit, durch das etwas Dunkles zur Erde gelangen kann, was nicht sein sollte.

Als ich mich verabschiedete, sollte ich den jungen Mann vor der Tür fragen, ob er uns nach Shambhala führen könnte und er vermittelte mir Zustimmung - vielleicht ist er genau deswegen da. Ich ging zu meiner Kugel, wie schon so oft, und kehrte zurück.

Manchmal wüsste ich gern, was diese ganzen Bilder bedeuten, aber vielleicht ist es auch gut, weiter so unvoreingenommen zu sein. Gern wüsste ich, wo die Reise hingeht.

VII
Reisebericht vom 15. Januar 2022 - Ein Blick auf Shambhala

Wie immer unvoreingenommen und ohne Erwartungen starteten wir in La Gomera am Strand in einer Lichtkugel. Wir flogen über San Borondon in Richtung Mittelerde. Dort angekommen, stieg ich aus der Kugel aus.

Meine Gestalt war dieselbe wie bei den Reisen zuvor, anders war jedoch die Kleidung: Mein Kleid war weiß und hatte auch frische Blumen darauf. Auch sah ich auf der Wiese vor der Stadt sehr viele blühende Wiesenblumen. Bei den Reisen zuvor war die Wiese saftig grün, aber Blumen habe ich bisher nie gesehen.

Auch in Richtung Tor blickend, erstrahlte alles wie bei einem Neuanfang - es scheint Frühling zu sein und auch das Dunkle war verflogen. Der Himmel war hell, die Sonne ist jedoch nicht wie bei uns auszumachen. Es leuchtet dort der gesamte Himmel.

Am Tor angekommen, stand der junge Mann von unserer letzten Reise. Ihm gegenüber schwebte eine Art Luftkissen mit einer Lichthülle ringsum. Er wies mich in die Richtung, wir stiegen ein und er lenkte das Objekt - ähnlich wie ich meine Lichtkugel - mit seiner Energie.

Wir flogen durch den Ort, der erstrahlte und sonnenhell war - einfach herrlich! Auf der anderen Seite der Stadt, ein Stück außerhalb, eröffnete sich über der Wiese eine Art "schwarzes Loch" - ein Portal. Wir flogen dort hindurch, der genaue Weg war für mich nicht ersichtlich, er war dunkel und sehr kurz.
Auf der anderen Seite angekommen, landeten wir.

Ich spürte, dass wir es hier mit einer anderen Frequenz bzw. Energie zu tun hatten. Gesehen habe ich vor uns eine Ebene auf der eine Stadt war, umgeben von einer schützenden Hülle. Der Ort funkelte, er war magisch. Bewegen konnten wir uns nicht mehr. Ich hatte das Gefühl, mich dort noch nicht anpassen zu können.

In selbigen Moment brach auch unsere Verbindung ab. Im Nachgang betrachtet - ich brauche unsere Verbindung, um mich dort vor Ort bewegen zu können - wir beide agieren gemeinsam, einer alleine kommt nicht so weit.

Als die Verbindung wieder da war, sind wir über einen Fahrstuhl wieder zurück an den Ort, an dem meine Kugel stand. In Richtung Stadttor blickend, verabschiedete sich lachend unser Begleiter und nickte mir zu, als ich fragte, ob wir erneut starten könnten.

Wir wollten zurück, aber ich konnte noch mal in den Felsen auf San Borondon hinein schauen - der Ort mit dem See und den schönen Blumen. An den Wänden des Sees sind eine Vielzahl von Edelsteinen, viele davon violett.

Und es gibt verschiedene Gänge, einen davon ging ich ein Stück hinein und sah an seinem Ende einen Wasserfall.
Daneben war ein Felsvorsprung und ich blickte hinunter auf ein wunderschönes Paradies - ein riesiger grüner Urwald. Die Ebene war unter der eigentlichen und lässt darauf schließen, dass die Innererde aus verschiedenen Ebenen besteht, mit wahrscheinlich auch verschiedenen Völkern und Wesen.

Da gibt es also noch echt viel zu erkunden!

Ich bin dann wieder langsam aus der Hypnose zurückgekommen ins Hier und Jetzt und hatte glücklicherweise keine Blessuren von dem kurzen Absturz der Technik.
Trotzdem war ich froh, dass du mich von dort gerettet und wieder sicher nach Hause gebracht hast.

VIII
Reisebericht vom 5. Februar 2022 - Eine erste Exkursion zur Kathedrale von Shambhala

Wir gingen auf Reisen, gestartet wieder am Strand von La Gomera. Diesmal merkte ich schon dort, dass sich meine Kleidung änderte, aber ich habe es noch nicht ganz wahr genommen.

Hier in der Kathedrale von Shambhala war Betriebsamkeit auf den Brücken und Ebenen. Es stellte sich heraus, dass das Heilige in Gänze dort seinen Sitz hat. Du hast mir die Möglichkeit gegeben, dort Kraft und Energie aufzunehmen und es war ein Gefühl, das ich nicht kannte. Physisch und auch spirituell. Das Licht strömte in mich hinein, der weiße Herr unterstütze mich und es fiel ein Regen aus Licht auf mich herab. Es herrschen dort endlose positive Schwingungen.

Wir schauten durch das Dach der Kathedrale und es zeigte sich eine dunkle Stelle, welche das Dunkel über der Erde ist. Er gab mir zu verstehen, dass wir der Situation vertrauen und beachten sollten, dass wir nicht jeden retten könnten - nicht die Unschuldigen waren gemeint, sondern die dunklen Kräfte und ihre Anhänger. Wir fragten, wie das Innere der Erde aufgebaut ist: es besteht aus Ebenen, ähnlich riesigen Terrassen. Es gibt dort Wesen von irdischer Abstammung verschiedenster Nationen, aber es spielt keine Rolle. Die Sprache ist gleich - telepathisch.

Und ja, es gibt dunkle Ecken, die wir besser meiden sollten. Diese Mächte kommunizieren jedoch mit der oberen Erde und das scheint schon eher bedenklich - das betrifft die Nachfolger des „Dritten Reichs“ die sich mit kriegerischen Zivilisationen außerirdischer Herkunft zu einer unheiligen Allianz verbunden haben. Deshalb wurden wir nochmals eindringlich ermahnt, um dieses Gebiet, welches in etwa unterhalb der Antarktis liegt, einen großen Bogen zu machen.

Aber wir dürfen wieder kommen und wir können dort lernen, in der Kathedrale von Shambhala.

Als ich zurück ging, bewegte der Herr vom Inneren der Erde die Kugel, ganz langsam, um den Ausgleich wieder herzustellen. Angekommen, gingen wir zurück in die Stadt und ich fragte nach seinem Namen - Aaron, er verabschiedete sich dann in der Stadt. Ich ging zu meiner Kugel und nahm einen der Lichtkristalle in die Hand. Es offenbarte sich ein violetter Kristall, den ich bei mir trug.

Zurück in La Gomera, ging die Reise weiter ins Hier und Jetzt. Obwohl das alles langsam geschieht, ist der Wechsel zwischen diesen Dimensionen sehr krass und will erst verarbeitet sein, bevor ich mich wieder dem „Alltag" zuwenden kann.

XI
Reisebericht vom 4. Juni 2022 - Warum ist die Welt gerade so dunkel?

Die Reise war wieder unglaublich aufregend!

Auf dem Weg von der Insel zur Inneren Erde musste ich schon von dem ersten Moment an feststellen, dass hier etwas Intensiveres auf uns wartet. Der Geist hat sich auf die Reise begeben, doch meine Perspektive war eine andere als sonst.

Ich selbst war intensiv und kraftvoll, mit einem schweren, mit vielen Details übersäten weißem Kleid und Schleppe gekleidet und neben mir erschien eine zarte, fast durchsichtige Gestalt. Ich entschied, sie mitzunehmen - wer weiß, wozu es gut sein könnte.

Wir kamen in der Inneren Erde an und du hast dann beide Energien unter dem violetten Licht der Lichtkugel verbunden.

Ich ging auf das Tor der Stadt zu, Aaron empfing mich. Mein Erscheinungsbild war leuchtend und hell und kraftvoll. Es schien Abend zu sein. Es war hell, aber dämmrig.

Wir gingen auf die Kathedrale zu und ein weißer Mann mit sehr langem weißen Bart und weißem Haar öffnete das Tor. Wir gingen hinein. Ich sah, wie ich die Treppe hinauf stieg - das Kleid war irrsinnig schwer und die Schleppe zog sich. In der Kathedrale war es ziemlich dunkel.

Um den Tisch herum standen acht Personen, die dann hell leuchteten. Es erschien auch ein breiter Lichtstrahl, der durch das Dach der Kathedrale auf den Tisch schien. Es war, als wollten sie mir etwas zeigen.

Wir setzten uns und begannen mit unseren Fragen, zunächst:

„Was ist das, was uns hier auf der Erde bedroht?"

Der Tisch wurde dunkel, ein sehr dunkles Grau. Es zog ein dunkler Nebel über die Tischplatte - die Tischplatte war wie ein Bildschirm und der Nebel zeigte sich in ihm - am anderen Ende stieg der Nebel auf und zog über dem Tisch nach oben.

Er wand sich durch die Luft und hielt auffälligen Abstand zu dem Lichtstrahl, der nach wie vor durch das Dach schien.

Es zeigte sich das Universum mit Blick auf die Erde. Über der Erde gibt es neben den vielen anderen Dimensionen eine sehr dunkle Dimension/Zivilisation, die diesen Nebel über uns schickt.

Der Nebel ist Energie - dunkle, negative Energie als Ausdruck der Macht des Bösen.

Man könnte sagen satanisch, was aber eher sinnbildlich zu verstehen ist, denn offensichtlich verbergen sich dahinter doch auch Zivilisationen aus anderen Welten, wie auch von der Erde!

Die Bedeutung war ebenfalls schnell klar: Die positiven Dimensionen/Zivilisationen sind der Annahme, die Erde und ihre Bevölkerung könne sich selbst helfen und ein Umdenken in jeglicher Hinsicht stattfinden lassen.
Die dunklen Kräfte hingegen zielen auf die Zerstörung, um dem Ganzen ein Ende zu setzen und von neuem zu beginnen unter ihrer Vorherrschaft.

Sie senden diese Energien, damit die Wesen dieser Erde sich selbst zerstören. Was jedoch auffällig war: Diese Energien werden von Licht absorbiert.

Wer das alles überstehen wird, ist ebenfalls klar: Entweder niemand, weil die Erde sich auflöst und wir alle im Universum neu verteilt werden oder die, deren Licht stark genug ist, um die dunklen Kräfte zu absorbieren.

Nächste Frage:
„Wer waren die ersten Zivilisationen auf unserer Erde?"
Es waren Abgesandte verschiedener Sternensysteme: die Namen, die ich mir gemerkt habe, waren Aldebaraner, Sirianer, sowie Abgesandte vom System des Orion.

Wichtig waren noch die Plejader, sie waren skeptisch, sind dennoch mit einigen Vertretern gekommen und stehen den Menschen heute noch bei, sie sind sehr eng mit dem Licht verknüpft. Die Namen einiger dieser Gründerrassen hatte ich allerdings noch nie gehört!

„Warum haben es die Lichtwesen damals in Atlantis und anderen Orten nicht geschafft, im Licht zu bleiben?"

Es zeigte sich ein dunkler Fleck seitlich im Inneren der Erde: negative Energie. Dunkle Mächte, die entweder mitgekommen sind oder schon da waren im Inneren der Erde.

Ganz unscheinbar zunächst und wenig von Bedeutung, haben sie es dennoch geschafft, zu den ersten neuen Erdbewohnern zu gelangen, sie zu beeinflussen und auf Grund des Nichterkennens der bösen Absichten eine Zerstörung hervorzurufen, die z. B. Atlantis in den Abgrund gerissen hat.

„Warum gibt es Wesen im Hier und Jetzt, die hell sind und sich finden und daneben solch dunkle Mächte in der Überzahl?"

Die Antwort liegt im Bewusstsein, das nur bei einer Minderheit so ausgeprägt ist, dass sie eine Gegenkraft darstellen könnte.

Die Reise war unglaublich, die Bilder so eindeutig und intensiv, meiner kurzen Erschöpfung nach der Session nach zu urteilen, war sie anstrengend und in der Aussage absolut klar.

XII
Reisebericht vom 10. September 2022 - Ein weiterer Besuch in Agartha

Wir starteten wie immer in Gomera am Strand. Ich stand schon dort am Strand mit einem weißen, sehr glänzenden hellen Gewand mit einer großen Kapuze. Ich fragte mich warum, aber es sollte sich zeigen. In der Inneren Erde angekommen, war es scheinbar noch sehr früh am Morgen. Es war neblig, die Luft war feucht und kühl. Doch die Sonne schien durch den Morgennebel. Es schien noch alles zu schlafen.

Auf dem Weg zum Stadttor sah ich niemanden. Das Tor wurde geöffnet von einem sehr kleinen Wesen. Es war männlich, schien sehr aufgeweckt und fröhlich. Später verriet er mir seinen Namen: Kork. Ein lustiger Geselle. Er hat mir gefallen.
Kork begleitete mich zur Kathedrale. Die kleine Stadt war noch nicht erwacht.

An der Treppe angekommen, öffnete ein Herr der Weißen Bruderschaft, langes weißes Haar, langer weißer Bart. Er war mir bekannt. Wir hatten uns schon oft gesehen. Er nahm mir den Mantel ab und wir gingen hinein. Die Kathedrale war dunkel. Nach kurzer Zeit kamen aus sämtlichen Richtungen die anderen Mitglieder der Bruderschaft. Sie versammelten sich um den Tisch. Kurz darauf kam auch eine weiße Dame, später wurde mir ihr Name mitgeteilt als „Heilige Königin von den Plejaden".

Um den Tisch gestellt, erhellte die Weiße Bruderschaft den Raum. Sie bildeten einen Ring aus strahlender Energie. Ich war Teil des Rings und ich spürte, wie mein Körper im Hier und Jetzt davon profitierte. Ich sollte mich diesmal um Fragen kümmern, die mich selbst betreffen.

Also fragte ich, was es sei, was mir so schwer auf dem Herzen liegt - was mich belagert und bedrückt.

Plötzlich wurden die Bilder verschwommen, uneindeutig, es wurde dunkel und ich wurde nervös. Ich habe es aber wirken lassen und gehofft: das wird schon seine Richtigkeit haben!

Die Atmosphäre um mich herum wurde ebenfalls nervös und ich hörte Getuschel hin und her, Bewegungen. Als ich mich versuchte zu sammeln, kamen die Bilder zurück und es schien, als wäre man erschrocken. Erschrocken darüber, dass das Dunkle eine von ihnen erreicht hat. Der weiße Herr stand nun hinter mir, die Hände auf meine Schultern gelegt. Die weiße Dame stand vor mir. Die rechte Hand auf meinem Herzen und die linke Hand an meiner Schulter. Ich leuchtete hell und beide durchfluteten mich mit Energie und eine glitzernde Aura umgab mich. Ich habe gespürt, wie das belastende Schild auf meiner Brust brach, ich besser Luft bekam und mich freier fühlte. Die „Heilige Königin" schaute mir tief in die Augen und gab mir zu verstehen: „Komm einfach her, wenn du etwas brauchst."

Warum sie später kam und Aaron nicht da war, schien daran zu liegen, dass jeder von ihnen noch auf anderen Planeten oder Dimensionen seine Missionen und Aufgaben wahrzunehmen hat. Die Heilige Königin kommt von den Plejaden.

Wie es mit uns weiter gehen wird auf der Erde war ebenfalls ein Thema. Die Bilder waren weg und ich sah unser Haus mit Grundstück. Alles war gehüllt in gelben Smog. Eine Dunstglocke - schmierig und dicht. Ich habe mich im Garten gesehen, meinen Hund …eingehüllt in einen schützenden Auraschein, unter dem die Sonne schien - überall dort, wo wir standen. Ich habe Menschen gesehen, die in die Knie gezwungen wurden und nicht mehr hoch kamen. Aber ich habe keinen Tod gesehen. Wenn ich es richtig deute, dann werden wir in die Knie gezwungen, aber nur die, die es zulassen. All die, die ein reines Herz haben und der Aura vertrauen, werden stehen bleiben und die Sonne wird auch in der Zeit der Dunkelheit scheinen. Die Phase war endlich und ist nicht der Ewigkeit geweiht.

Die Frage war noch, ob wir beide uns aus einem früheren Leben bereits kennen. Die Antwort aus dem Kreis der Weißen Bruderschaft war eindeutig: Ja!

Ich habe mich nun verabschiedet, bedankt und bin mit Kork zurück zur Stadtmauer gegangen. Dort sollte ich nach Kristallen schauen - sie sind in der Mauer verarbeitet! Ein roter Kristall war gesucht und ich sah weit unten ein Loch in der Mauer. Die Form des Kristalls - wie ich ihn bereits in Gomera gefunden und verschenkt hatte!
Habe ich einen zweiten mitnehmen können? Das bleibt noch ein Geheimnis und ich werde mich in Kürze bei unserer Reise überraschen lassen!

XIII
Reisebericht vom 15. Oktober 2022 - Eine spontane Exkursion zum Nordpol

Nachstehend unser Samstags-Ausflug:
Wir starteten in La Gomera am Strand - es sollte spontan an den Nordpol gehen.

Ich sah mich in einem weißen Kleid in die Kugel einsteigen, den Kompass neben dem Steuerpult auf Norden gestellt - es war ein alter Kompass, wie man ihn aus Filmen kennt und schon flogen wir los.

Über die Kanaren - welche gigantisch groß wirkten und La Palma wunderschön grün, über Madeira - tropisch schön und grün, über den Ozean und die Wolken. Die Wolken waren weiß und wie ein Schleier. Der Himmel über den Wolken war wunderschön blau und die Sonne schien.

Es lichteten sich irgendwann die Wolken und unter mir eröffnete sich die arktische Klarheit.

Eis, Schnee, ein Eisbär, alles ganz friedlich. Es war die Grenze des Eises zu sehen und ein Stück eingerückt ein weißer Berg. In diesem Berg war eine Spalte. Dahinter sah man eine ins Eis geschlagene Kathedrale.

Man hat sie kaum erkannt. Ich sollte über den Berg fliegen und schauen, was sich dahinter verbirgt. Gesagt, getan - eine freie Fläche aus Schnee und ein Nebelband.

Wir flogen durch den Nebel hindurch.

Dahinter befand sich zu meinem Erstaunen der wohl schönste Frühling, den ich je gesehen hatte. Ein Auenland in wunderschönem Grün, friedlich, ruhig und harmonisch. Wir flogen weiter und es waren zwei kleine Holzhütten zu sehen.
Noch ein Stück weiter und es zeigte sich eine weitere Kathedrale.

Diesmal nicht in weiß oder aus Licht, viel mehr aus Stein gebaut. Irrsinnig hoch und dem Baustil der Gotik ähnelnd. Es war aber niemand weiter zu sehen.

Erst als wir umkehrten, sah ich oben in einer Turmspitze einen sehr großen Mann stehen, der uns hinterher sah. Wer auch immer er war… wir werden es bestimmt irgendwann herausfinden.

Das war der kurze und doch so erlebnisreiche Ausflug zum Nordpol!

XIV
Reisebericht vom 29. Oktober 2022 - Rückkehr nach Agartha

Start wie immer in La Gomera. Bereits am Strand trug ich ein weißes Gewand mit einer dicken Kapuze. Es sollte scheinbar an unserem heutigen Ziel kühler sein als hier.
Wir flogen in Richtung Innere Erde. Es war ein bisschen langwieriger in der Reise. Es gelang mir dann doch noch, unseren Landeplatz in Agartha zu erreichen.

Ich schaute zum Tor und Aaron erwartete uns. Er legte den Arm begrüßend um meine Schulter und wir gingen zur Kathedrale.

Dort wurden wir schon erwartet. Man nahm mir mein schweres Gewand ab. Darunter verbarg sich ein schlichtes, elfenhaftes Kleid.

Die Haare waren erstmalig nicht offen. Sie waren leicht gebunden, so dass sie nicht nach vorn fielen.

Der Raum war hell und der Tisch wie immer oval. An der Stirnseite sollte ich Platz nehmen.

Rechts von mir waren drei Herren und eine Dame, mir gegenüber an der Stirnseite die Dame, welche sich als „Heilige Königin" vorstellte und links von mir Aaron, der Weiße Bruder mit dem langen weißen Bart und ebensolchen Haaren sowie zwei weitere Herren.

Wir wollten die Frage stellen, wer ich bin und warum ich einen Platz an diesem Tisch in der erhabenen Gesellschaft der Weißen Bruderschaft habe.

Vorab erleuchtete der Kreis der Weißen Bruderschaft wieder hell. So viel Energie, so viel Warmes und Schönes erstrahlte.

Ich fragte, wer ich sei. Die Heilige Königin legte die Hände mit den Handflächen nach oben auf den Tisch und es eröffnete sich ein Bild der absoluten Natürlichkeit. Urwald, Tiere, Pflanzen…es sollte einen Teil eines Reiches darstellen, das mir gehört, jeder in der Weißen Bruderschaft hat sein eigenes Reich, mit dem er in Demut verbunden ist - und alle kommen von überall her, wenn ich meine Besuche mache!

Auf die Frage hin, woher mein Namen kommt, erhielt ich die Antwort: „Geboren in Reinheit und Güte und dienend dem einen Gott - Jahwe“.

Als mir die Heilige Königin dies zusprach, erhob sie ihre rechte Hand und es bildete sich ein Zauber aus weißen Kristallen über ihrer Handfläche - ein kleiner weißer Kristallregen.

Diesen Regen schob sie mir zu und er rieselte über mich hinweg...sprachlos über diese Magie wurde mir klar, dass es sich hierbei um die Reinheit des Kreises und der Weißen Bruderschaft handelt, welche mich überkam.

Wir wollten noch wissen, ob wir die Möglichkeit zur Reise in das Land der Heiligen Königin zu einem Planeten der Plejaden haben - ja, das wird uns erlaubt und die Königin selbst wird uns dorthin bringen!

Die Weißen standen zum Abschluss am Tisch und erhoben sich in ihrer Kraft. Sie sendeten etwas, dass nach einer Botschaft aussah.

Ich konnte es nicht ganz erkennen, da hier die Reise enden sollte und ich leider zurück nach La Gomera und ins Hier und Jetzt fliegen musste!

XV
Reisebericht vom 26. November 2022 - Eine Reise zu den Plejaden

Wir starteten wie immer am Strand von La Gomera. Als ich meinen Körper geistig verließ, habe ich mit Neugier meine Erscheinung wahrgenommen. Es war ein weißes Gewand, glänzend wie Sterne und mit einer großen Kapuze.

Ich ließ mein Lichtgefährt als Kugel entstehen und stieg ein. Wir flogen los. Über den Wolken war es eigenartig neblig, bis irgendwann ein Lichtkegel erschien, der den Weg zur Inneren Erde frei gab.

Dort angekommen, muss es sehr früh am Morgen gewesen sein. Es war neblig und ruhig. Wir gingen zum Tor, keiner war da. Ich ging hinein in Richtung Kathedrale. Der Ort war still und es war eine Atmosphäre, als schliefen alle noch.

An der Kathedrale angekommen, stand dort schon die Heilige Königin. Sie war nicht wie gewohnt in ein weißes Gewand gehüllt, sondern in eine Art Neopren-Anzug, enganliegend und in dunklen Farben. Wir gingen hinter die Kathedrale und stiegen in das Raumschiff.

Im Zuge dessen änderte sich meine Kleidung ebenfalls - gleiche Kleidung, wie die Heilige Königin, nur in Weiß.

Das Raumschiff hatte in etwa die Form einer Sichel und es war eine Klappe zu Boden gelassen. Im Inneren des Schiffes angekommen, war eine starke Geschäftigkeit zu spüren. Dort waren zahlreiche Wesen, die sehr geordnet ihren Wegen bzw. Aufgaben nachgingen. Das Schiff glich im Inneren einem bewohnten Mini-Planeten.

An einer Wand hingen viele Monitore. Ich war fasziniert. Wir hoben ab, wurden vielmehr unsichtbar - das Schiff löste sich in seiner Substanz auf. Es war aber nicht wie ein Flug, der auf der Erde stattfindet.

Es war ein Durchbrechen von Raum und Zeit, von Ebenen und Dimensionen. Im Universum angekommen, sah ich auf den Monitoren unzählige Schiffe - flächendeckend um die Erde.

In dem Moment fragtest du mich auch schon, ob es noch mehr Schiffe gäbe, die die Erde schützend umgeben. Das konnte ich mit großer Sicherheit bestätigen. Mit bloßem Auge sieht man die Schiffe jedoch nicht, sie sind ohne physische Substanz.

Auf den großen Schiffen gab es eine Art "Botenschiffe". Kleine rundgeformte Raumschiffe, wie kleine Kugeln mit ca. 4 Sitzplätzen.

Diese Botenschiffe verbinden die großen Raumschiffe und dienen auch der Reise in die Heimat oder zu anderen Orten. Mit einem dieser Schiffe sind wir dann zu den Plejaden geflogen, durch Raum und Zeit.

Vor den Plejaden angekommen war es grell, unglaublich hell und uns umgab ein stark pulsierendes Medium.
Die "Luft" vibrierte förmlich - vermutlich eine Art elektromagnetische Wellen als Firewall.

Durch diesen würde keiner freiwillig fliegen. Er dient als Schutzschild vor unliebsamen Besuchern und ich habe meine Augen geschlossen. Es glich den Bildern, die wir von der Sonne kennen.

Die Heilige Königin flog wie selbstverständlich hindurch und was sich mir dann offenbarte, war die reinste Schönheit.

Zwei Scheiben, verbunden über einen Wasserfall und ich spürte in mir eine Leichtigkeit wie nie zuvor. Das waren Harmonie und Glückseligkeit pur. Das war unfassbar und nicht mit Worten zu beschreiben.

Mir zeigte sich eine Natur, eine farbenfrohe leuchtende Natur und eine Harmonie. Ich war nur noch Energie, keine Schwere, rein gar nichts lag mehr auf mir.

Wir landeten auf der oberen Scheibe. Beide waren leicht versetzt zueinander und wir standen dort. Es war niemand da. Dies wäre am sichersten, ohne Interesse und Neugier der Bewohner zu erwecken, meinte die Heilige Königin.

Ich fragte sie, wo mein Reich wäre. Sie deutete mir an, dass es noch weiter weg sei. Die Heilige Königin ließ mich ihren Namen wissen: ARIYA - womit sich der Kreis wieder schließt, denn es bedeutet „Die Weise".

Die Frage, ob wir uns schon länger kennen: Jedes Oberhaupt der verschiedenen Reiche steht in ständigem Kontakt mit den anderen.

Als nächstes stellte ich die Frage, wie die Menschen auf der Erde geheilt werden könnten. Sie sprach nicht zu mir, ich habe Bilder gesehen - Menschen werden telepathisch geheilt oder auf die Schiffe geholt. Sie kehren aber in der Regel nicht alle zurück. Ich habe gesehen, wie die Plejader unter uns sind.

Sie werden jedoch nicht gesehen. Sie laufen zwischen uns, nur ohne Substanz. Sie tragen Menschen fort, denen sie bei uns nicht helfen können.

Einige gehen auch von uns. Sie werden nicht gerettet - ich nehme an, weil es der Kreislauf der Natur ist.

Auch bilden andere universelle Zivilisationen ebenfalls einen Schutzschild um die Erde. Sie schweben in anderen Ebenen und verweilen dort.

Es war noch die Frage, ob der Mond besiedelt wurde von dunklen Mächten. Ich konnte eine dunkle Ecke sehen, aber der Rest vom Mond erstrahlte. Er scheint eine Schwachstelle zu haben, die sie genutzt haben, ohne sich auf dem ganzen Mond ausbreiten zu können.

Um nun zurück zu kehren in die Innere Erde, bat mich Ariya, in die Knie zu gehen. Sie legte ihre Hände auf meine Schultern und wir lösten uns in Licht auf. Ich habe nichts mehr gesehen und fand mich an der Kathedrale auf Agartha wieder.

Ariya verabschiedete sich. Ich stand auf, ging zu meiner Kugel und wir flogen zurück.

Angekommen im Hier und Jetzt spürte ich auf einmal ein Schweregefühl. Es war, als sackte mein Körper nach unten - die Schwerkraft hatte sich bemerkbar gemacht. Erst dachte ich, das liegt an der Rückkehr aus der Hypnose, weil die Leichtigkeit dann eigentlich immer wieder verschwindet.
Aber in der Form hatte ich es noch nicht erlebt.

Ich bin von meinem Stuhl aufgestanden und dachte: Wie schwer bin ich heute nur, so schwer - das war ein verrücktes Gefühl. Es hat sich dann erst mit der Zeit wieder gegeben.

Ehrlich gesagt: irre! Diese unglaubliche Schönheit, diese Leichtigkeit und diese Bilder...ich würde es gern plastischer beschreiben können, damit man sich ein noch besseres Bild davon machen kann.

Ich hoffe, du kannst es dir ganz gut vorstellen, denn du warst ja vom Anfang bis zum Ende dabei!

XVI
Reisebericht vom 7. Januar 2023 - Eine phantastische Reise zur Prinzessin von Amun (Lemurien)

Wir starteten am Strand von Gomera. Ich trat aus meinem Körper heraus und stand direkt am Wasser. Dort, wo ich sonst meine Kugel visualisiere, zeichnete sich nun eine Pyramide ab - auf der Spitze stehend. Diese erschien, wie meine Kugel, aus funkelndem Licht. Die Lichtpunkte flogen von der Spitze zur eigentlichen Grundfläche. Daneben erschien nun eine zweite

Pyramide - die Lichtpunkte ebenfalls von der Spitze zur Grundfläche gehend. Nur stand diese Pyramide auf ihrer eigentlichen Grundfläche.
Ich stieg in die erste Pyramide ein und schwebte mittig in dieser. Die zweite Pyramide lenkte ich über die erste und sie senkte sich herab.

Ich befand mich nun in der Mitte des Gesamtkomplexes. Die Energie war stark, der eine Sog kam von oben, der andere von unten und beide konzentrierten sich in der Mitte. Nun drehte ich die obere Pyramide noch um 45° und das war schon fast etwas anstrengend.

Ich richtete mich also ein mit Monitor, Steuerpult und diversen Button und das Ziel sollte heute Amun/Lemurien sein - also eine Reise durch Raum UND Zeit.
Ich drückte den Knopf und die Merkaba drehte sich schnell im Kreis und verschwand. Wenige Sekunden später tauchte sie wieder auf und ich spürte, dass wir woanders waren und auch die Zeit eine andere sein musste.

Ich flog über dem Wasser irgendwo zwischen Wolken und Meer. Kurz darauf erstreckte sich eine Insel vor mir. Felsen lagen im Wasser, die Insel war bewachsen mit Bäumen, weniger Palmen. Die Merkaba sank ab und ich stieg aus.

Links von mir befand sich eine Sandstein-Treppe. Weiter oben konnte ich ein großes sandfarbenes Haus erkennen. Vor mir war Wald und wunderschöne Natur. Ich ging zur Treppe. Sie ging recht weit nach oben. Ich ging hinauf und fand mich an einem offenen Tor wieder. Ich ging hinein und stand auf einem Hof. Alles war sandfarben und sicher vom Meer aus nur schlecht zu erkennen. Der Hof war gepflastert und mit einigen Gebäuden, darunter ein Stall. Es schauten 7-10 Pferde heraus. Ich ging hin, um sie zu streicheln. Sie waren ruhig und sehr friedvoll. Es kam ein Stallbursche im Teenager-Alter heraus.

Ich fragte ihn, ob ich Kala irgendwo finden könnte und er deutete auf eine Treppe hinter dem Stall. Ich ging hinauf und stand auf einer weiteren Terrasse. Ich schaute über das Geländer und sah die Schönheit der Weiten, das Meer und rechts vom Gebäude Wald, hinter dem sich eine Stadt erstreckte.

Eine junge Frau kam aus dem Haus. Sie lächelte und wirkte sehr freundlich - es war Kala. Die Damen, die ich bisher in der Weißen Bruderschaft getroffen hatte, sahen sich sehr ähnlich. Das traf auch auf Kala zu, sie war eine sehr schöne Frau mit langen Haaren und einem hellen Gewand.

Sie legte ihren Arm um mich und wir schauten gemeinsam über das Geländer. Ihre Mutter war nicht da, die Großmutter in der Stadt unterwegs.

Zugang zur geistigen Welt haben die Menschen dort ständig, da sie von klein auf unterrichtet werden, den Kontakt zu finden und zu halten, Kalas Begleiterin war Oorna. Einer der im Hintergrund herausragenden Felsen sollte der Ort der Meditation und der geistigen Übungen sein und in einem anderen sollten sich im Untergrund die roten Kristalle verbergen.

Als ich sie darauf ansprach, deutete sie auf ein geschlossenes goldenes Amulett an ihrem Hals, welches einen kleinen Glaseinsatz hatte, durch den man einen kleinen roten Kristall sehen konnte. Sie trägt ihn zum Schutz immer bei sich!

Die Reise sollte hier vorerst zu Ende sein, aber wir dürfen wiederkommen.

Ich sagte ihr noch, sie solle auf sich aufpassen und vorsichtig gegenüber unbekannten Besuchern mit zwielichtigen Absichten sein (ich hoffe, sie kann es noch beherzigen) und ging. Sie verabschiedete sich ebenfalls von mir und ich ging zurück zum Strand.
Dort in die Merkaba eingestiegen, drehte diese sich wieder so schnell und ich landete über dem Wasser vor dem Strand von Gomera. Und plötzlich war ich zurück - leider!

Es war wieder super schön und ich freue mich auf die nächste Begegnung! Es wäre schön, wenn ich tatsächlich auch ihre Mutter und die Großmutter noch treffen könnte und ob das Unabwendbare noch abgewendet werden kann.

XVII
Reisebericht vom 21. Januar 2023 - Die zweite Reise nach Lemurien

Wir starteten in Gomera am Strand mit unserem neuen Merkaba-Stern. Er drehte sich blitzschnell und weg war er. Durch Raum und Zeit angekommen vor einer wunderschönen Insel mit Wald und Sandstein.
Ich stieg aus und musterte meine Erscheinung - oft gibt sie Aufschluss über das, was wir erleben sollten. Ich trug offenes dunkelbraunes Haar und ein Gewand in Erdtönen - sandfarben!

Der Weg zum Palast zeigte sich mir und wir gingen hinauf. Das Tor war offen. Auf der ersten Ebene war niemand zu sehen. Die Pferde waren nicht da. Es standen Körbe mit Obst und Gemüse auf dem Hof, es kam ein kleiner Hund geflitzt. Er freute sich und wollte gestreichelt werden. Der kleine Hund war gut gelaunt. Die Sonne schien, es war wohlig warm.
Ich ging hinter den Stallungen den Weg nach oben zum Haus. Ich stand an dem Geländer. Es waren hellblaue, ovale Kristalle im Stein eingelassen. Niemand war zu sehen.

Ich drehte mich um und sah jemanden im Garten. Hinter dem Haus erstreckte sich ein wilder Garten, ganz hübsch angelegt mit vielen Blumen. Eine Dame hockte in der Wiese, ähnlich gekleidet wie ich. Sie hatte fast schwarze Haare und wirkte unglaublich jung. Nur an ihren Händen und im Gesicht ein wenig sah man, dass sie schon etwas älter sein musste. Es war die Mutter der Königin, Kalas Großmutter.

Sie pflückte Blumen und schien meinen Besuch erwartet zu haben. Sie bat mich zu sich und geleitete mich in einen Pavillon im Garten. Die Blumen stellte sie dort auf den Tisch. Es gab zwei Stühle und wir setzten uns. Ich fragte sie, ob Kala und ihre Mutter da wären. Sie waren außerhalb unterwegs.

Die Frage bestand zunächst darin, ob man Atlantis kenne - ja, von ihren Vorfahren hatte sie davon gehört. Die Atlanter wären ebenfalls ein weit entwickeltes Volk, aber man lebte dort anders. Man konzentriere sich dort auf den technologischen Fortschritt und die ständige Weiterentwicklung.

Ich fragte, ob man von dort Gefahren erwarten würde, dies wurde verneint - eine fatale Fehleischätzung, wie sich später auf so tragische Art und Weise herausstellen sollte.

Die Interessen beider Inseln wären zu unterschiedlich, so dass es keine Berührungspunkte gebe.

Ob ich mich mit meinem Geistführer dauerhaft verbinden könne, war eines unserer Anliegen. Sie legte ihre Hände auf meinen Kopf. Und ich spürte physisch im Hier und Jetzt, dass jemand meine Stirn hielt. Ich sah ihre Hände auf meinem Kopf und konnte etwas spüren, es war faszinierend.

Wenn ich ganz in Ruhe und Stille sei, dann könnte ich ihn hören.

Sie gab mir einen schwarzen Kristall -einen Obsidian- ich sollte ihn mitnehmen. Er wäre ähnlich schützend wie die roten Kristalle. Jeder Stein habe seine heilende Wirkung und man solle sie nur spüren. Ein Amethyst ist ein Schutzstein, er öffnet auch den Weg zum höheren Ich.
Die roten Kristalle darf sie mir noch nicht zeigen.

Dies erzählte sie mir am Geländer, in dem die hellblauen Kristalle eingearbeitet waren und in denen sich die Sonne spiegelte.

Die Zeit war vorüber und wir gingen zurück. Du hattest noch zu ihr gesprochen und auch um Vorsicht gebeten, was die Atlanter betrifft. Und dass Kala bei uns jederzeit willkommen sei, sollte sie auch Reisen durch Raum und Zeit unternehmen.

Ich verabschiedete mich und ging hinunter zum meinem Licht-Gefährt. Sie stand noch da oben und blickte in die Ferne. Kurz winkte sie und dann verschwanden wir wieder zurück ins Hier und Jetzt.

Es war ein wunderbares Erlebnis, aus unserem tristen Winterwetter in das tropische und heilsame Klima von Amun zu reisen, doch es sollte vorerst auch unsere letzte Reise dorthin gewesen sein…

XVIII
Reisebericht vom 13. Mai 2023 - Eine Reise, die eigentlich unbeschreiblich ist

Wir begannen die Reise wie immer am Strand von La Gomera.

Als ich meinen Körper verließ, erschien ich als junge Frau mit einem wunderschönen langen Gewand in einem hellvioletten Ton mit schimmernden Akzenten.

Wir formten die Merkaba und noch ehe ich sie in goldenem oder violettem Licht erscheinen lassen konnte, zeigte sich bereits die violette Energie, die mit Millionen Lichtpunkten die Pyramide bildete.
Oft überlege ich schon zu diesem Zeitpunkt, was die Farbe bedeuten würde. Bisher hatten diese sowie auch meine Erscheinung später eine Bedeutung bzw. ihren Sinn am Zielort erlangt.

Als ich in der Merkaba ankam, wollte ich zunächst spüren, welche Frequenz vorherrschte. Alles war diesmal neutral, keine überhöhte Schwingung, kein niederer Druck. Ich fühlte mich auch so - neutral.
Im Display ließ ich das Bild „meines Reiches" (so hat es die Weiße Bruderschaft bezeichnet) erscheinen, welches mir auch noch so von den Reisen zur Inneren Erde in Erinnerung geblieben war.
Etwas stärker heraus gezoomt zeigte sich eine Scheibe mit tropischem Regenwald.

Wir wollten starten. Die Merkaba drehte sich unfassbar schnell und flog in Windeseile ins Universum, an den Plejaden-Hütern vorbei, durch viele Dimensionen und blieb plötzlich stehen - mitten im Nirgendwo.

Mir fiel auf, dass ich keine Definition für das finden konnte, was ich sah und fühlte. Ich war im Nichts, irgendwo im Nirgendwo.
Neben der Merkaba sah ich eine sehr große menschliche Gestalt, relativ jung, kürzeres Haar und in Weiß gekleidet.

Vor mir zeigte sich eine Vielzahl von „Inseln". Es waren keine Planeten im herkömmlichen Sinne. Eher Inseln oder auch Scheiben in unterschiedlichen Größen. Sie waren scheinbar willkürlich angeordnet, übereinander, nebeneinander und verbunden mit „Wasserfällen" aus Energie.

Es gab auch viele kleine Sonnen, welche auf das Inselreich schienen. Das Bild war völlig abweichend zu allem, was ich bisher gesehen hatte. Es war hell und warm und ich wollte dort landen.
Je näher ich kam, desto mehr verlor ich die Kontrolle.
Die Inseln waren umgeben von einem Energiefeld mit enormer Kraft. Was sollte also schon passieren - ich lies mich hinein fallen und flog super schnell um die Inseln herum. Dann landete ich.
Der in Weiß gekleidete Herr war nun recht weit weg und erschien kleiner. Ich bat ihn, näher zu kommen. Er kam und landete neben mir. Zwischenzeitlich war ich ausgestiegen. Wir wollten natürlich gern wissen, wer er war.

Mein Blick fiel auf seinen Ring, der dem meinen glich. Dazu muss ich sagen, dass mir die Eingebung, diesen Ring zu tragen, erst vor der heutigen Reise gekommen ist. Und mir fiel ein, dass ich diese Gestalt, auf die wir gerade trafen, schemenhaft in einer Vision bei einer Meditation schon einmal gesehen hatte.

Er deutete mir an, ein Vorfahre zu sein. Mein Name Iliya, den ich in der geistigen Welt habe, wurde mir von der Weißen Bruderschaft genannt und stellte - eine bisher unklare - Verbindung zum Göttlichen her.
Wir wollten darüber natürlich Näheres wissen und der Mann lachte.

Er hielt meine Hand, unsere Ringe nun nebeneinander und er sagte, er wäre mein „Vater“ - Jahwe, der Anfang und das Ende von allem, was existiert. So schloss sich der Kreis und mein Name erklärte sich damit.
Mir versagten nun die Kräfte und ich bat ihn um etwas Energie. Er stellte sich hinter mich, legte die Hände auf meine Schultern, ich sollte meine Arme heben mit den Händen nach oben. Durch mich hindurch kam aus der Höhe ein Lichtstrahl, der mich wieder atmen ließ.

Es war ein herrliches Gefühl!
Während du aus der Entfernung einigermaßen erstaunt warst, was sich heute bei unserer Reise zeigte, habe ich mir etwas Energie für das Hier und Jetzt holen können und mitgebracht.

Wir mussten leider zurück und er gab uns dazu einen Anschub. Wir flogen los, grüßten noch die Königin der Plejaden und landeten wieder am Strand von La Gomera. Wir waren irgendwo im Nirgendwo, wo Dinge ihren Lauf nehmen und es keine Definition von irgendetwas mehr gibt. Es war die völlige Leere mit so viel Fülle!
Und wir erhielten das Versprechen zurück kommen zu dürfen mit unseren Fragen und Wünschen, wenn auch die Antworten uns wohl nicht mit Worten, sondern auf andere Weise gegeben werden in den vielen Dimensionen dieser geheimnisvollen Welt.
Ich danke dir für diese eigentlich unbeschreibliche Reise in diese bisher unbekannte Welt!

XIX
Reisebericht vom 20. Mai 2023 - Eine weitere Reise ans Ende der Welt (und deren Anfang)

Wir starteten wie immer am Strand von La Gomera. Ich war wieder ganz in Weiß gekleidet, glitzernd und luftig. So sollte sich auch die Merkaba gestalten. Ganz in Weiß in einem intensiven Licht. Wir starteten und die Merkaba drehte sich wieder in Windeseile um sich selbst.

Wir reisten durch verschiedene Dimensionen. Diesmal konnte ich sie sehen. Wir durchbrachen die letzte Pforte und es erschien dabei ein sehr helles Licht. Angekommen sind wir an der gleichen Stelle, wie bei der letzten Reise. Diesmal zeigten sich jedoch nicht nur Insel-Planeten, sondern auch viele kleine runde, sehr hell leuchtende Gebilde.

Erneut waren die Sonnen zu sehen und von der Planetenansammlung ausgehend, flogen viele kleine Lichtkugeln in sämtliche Richtungen. Ähnliches war über den Insel-Planeten zu erkennen. Nur flogen sie von dort aus nicht weg, sondern kamen an.

Merkwürdig war - meine Merkaba wurde zur Kugel und diese Kugel löste sich nach und nach auf. Ich sollte auf den Insel-Planeten landen. Ich schwebte also hin und erreichte eine höher gelegene Insel, ohne das Energiefeld durchbrechen zu müssen.

Die Abstoßungskraft war diesmal nicht gegeben. Ich kam an und versuchte, die Frequenzen zu erspüren. Es gelang mir. Ich spürte das Entstehen von unglaublich starken Energien, impulsiv und euphorisch.

Ich befand mich in einem Feld des Ankommens, Niederlassens und des Vergehens. Es waren zwei Gegensätze, die sich aber ergänzen sollten. Auch spürte ich nicht direkt den Beginn und das Ende, viel mehr eine Harmonie.

Wir wollten uns wieder mit Jahwe treffen. Ich rief ihn also und er kam von einem der anderen Planeten. Er landete neben mir.
Er sollte mir etwas zeigen von diesem eigenartigen System hier und er spielte mit mir in der Atmosphäre. Wir zogen also unsere Hände halbkreisförmig durch die Luft und es rieselte ein glitzernder Bogen auf uns nieder.

Ich schob mit beiden Händen Luft in die Höhe und es fiel ein Regen aus funkelnden Lichtkristallen herab.

Du wolltest gern wissen, ob er der wirkliche Schöpfer des Universums sei und seine Antwort war salomonisch: nicht nur dieses!

Die nächste Frage war, was verbindet mich über meinen Namen mit ihm?

Jeder hatte irgendwann im Laufe seiner karmischen Entwicklung eine Dimension, eine bestimmte Sphäre erhalten und wacht nun über diese. Mit der Weißen Bruderschaft bin ich als sein Nachkomme verbunden.

Warum werden ausgerechnet mir diese Dimensionen des Göttlichen zugänglich? Die Antwort war: weil ich frei bin und eine innere Reinheit/Unvoreingenommenheit bewahrt habe, die der Schöpfung am Anfang eigen war.

Die einzelnen Dimensionen des Universums wissen voneinander, nur die Erde nicht.
Warum? Weil wir eine Art Experiment sind, man schaut, was passiert.

Zwischen all den Fragen habe ich mich aufladen können. Der Regen aus purer Energie war eine Wohltat für mich.

Denke ich tiefer darüber nach und lasse die Frequenzen in mir nachwirken, so habe ich das Gefühl, dass es weder Anfang noch Ende gibt, nur Energie, aus der ständig neue Formen verschiedenster Dichte hervorgehen - von fester Materie über alle Formen von Leben bis hin zum reinen Geist, reinen Bewusstsein.

Warum können wir das alles sehen und erfahren - weil wir danach gesucht haben und es unserem gegenwärtigen Entwicklungsstand entspricht.

Ich bin gespannt, wie die Reisen weiter gehen!

XX
Reisebericht vom 5. August 2023 - Dritte (und letzte?) Reise ans Ende der Welt

Gestartet sind wir am Playa del Ingles. Ich trage leicht gelocktes, langes braunes Haar und ein weißes Kleid mit hellblauem Schimmer. Meine Merkaba erscheint auf dem Meer und ich gehe hinein. In ihr gibt es ein Energiefeld. Ich kann es sehen - es ist hell, sehr dicht und weiß/hellblau. Es tut gut, die Kristalle zu spüren. Neben mir erscheint eine zweite Pyramide, die Spitze nach unten. Ich hebe sie über mich und lasse sie in meine

Merkaba sinken. Auf dem Display erscheint das Ziel (das „Ende der Welt"), der Countdown läuft, die Merkaba dreht sich und wir fliegen los.

Im Universum sind wir angekommen. Ich halte kurz an, denn die Plejader-Raumschiffe haben sich wie ein Schildkrötenpanzer über der Erde formiert und es sind sehr, sehr viele.

Wir fliegen weiter und kommen in der nächsten Dimension an. Rechts die Ebenen und links eine große energetische Wolke, in welche Lichtblitze hinein fliegen.

Wir sind angekommen am Anfang und am Ende der Welt. Ich fliege zur Wolke und spüre eine Irritation. Ich sehe ein Portal, welches sich öffnet und es zeigt sich ein Flimmern der Energien im Inneren. Es wirkt friedlich und dennoch hat es gleichzeitig etwas Bedrohliches, das ich nicht beschreiben kann.

Ich fliege auf eine der gegenüberliegenden Ebenen und lande. Es ist hell, es wirkt tropisch und ich spüre Energie. Ich steige aus und schicke in den Farben meines Kleides einen Energiestrahl in die Höhe. Ich rufe nach ihm, Jawhe, der uns hier schon so viel Energie gegeben und Wissen vermittelt hat.

Er erscheint über ein weiteres Portal und sinkt herab. Er nimmt meine Hände zwischen seine, ohne etwas zu sagen, und hält sie nun bis zur Abreise. Ich atmete dabei tief ein und mit jedem Einatmen nehme ich die Energie von ihm in mir auf. Das ist so erholsam und verleiht mir Kraft und Stärke.

Ich frage ihn, ob die mir erschienene weiße Königin der Weißen Bruderschaft zugehörig sei. Ja, das ist sie und sie wird uns weitere Antworten geben, wenn wir sie besuchen.

Nun zu unseren Fragen über die Erde und das Schicksal der Menschheit. Die Geschehnisse auf der Erde nehmen apokalyptische Ausmaße an - warum?

Es findet ein Reinigungsprozess statt und das Gleichgewicht wird wieder hergestellt. Das Böse zerstört sich dabei zwar selbst, reißt aber alle, die ihm hörig waren, mit in den Abgrund. Der lichte und bewusste Teil der Menschheit werde durchhalten und sich auf sein wahres Wesen als Teil des Göttlichen besinnen. Diese Menschen werden bleiben und eine Welt im Einklang mit den universellen Gesetzen erschaffen.

Geht uns die Kraft aus, so stehen die aufgestiegenen Meister und die verschiedenen Wesen der geistigen Welt an unserer Seite.
Ich sehe eine Erde mit schwarzer Schlacke und hellen Bereichen. Ich sehe Lichtpunkte wie Glühwürmchen, die aus dem Universum Energie senden und ich sehe die Weiße Bruderschaft, die wir so oft schon besucht haben.

Auch Jahwe selbst steht uns zur Seite, der diese Welt erschaffen hat mit der Fähigkeit, dass sie immer wieder zur Balance zurück findet, wenn die absolute Freiheit, die immer währende Wahlfreiheit jeder einzelnen Seele, dazu führt, dass das Dunkle die Übermacht zu erlangen droht, wie wir es jetzt gerade auf der Erde erleben.

Ich bin mir sicher, es wird ein Gleichgewicht geben, wir dürfen nur nicht aufgeben oder uns den Mächten des Bösen hingeben, die danach trachten, die Menschen mittels Täuschung, Lüge, Versuchung, Verblendung und auch Gewalt in ihren Bann zu ziehen, was ihnen leider in den letzten Jahrhunderten bei denen, die unser Schicksal bestimmen wollen, nur zu gut gelungen ist.

Jahwe gab mir Energie mit auf den Weg, für uns und alle, die den Glauben an ihn nicht verloren haben. Er lässt meine Hände los, ich verabschiede mich und fliege zurück.

Im Hier und Jetzt angekommen, fühle ich mich klarer, freier und wieder in meiner Mitte angekommen. Die Reisen zu ihm sind ein Segen und geben mir so viel, was ich mit diesen Zeilen nur zum Teil widergeben kann.
Danke an IHN - und an dich, dass du mich zu solch unbeschreiblichen Erlebnissen und Erfahrungen in so vielen Sphären und Dimensionen des Universums führst, von deren Existenz ich vorher nicht die geringste Vorstellung hatte.

Nachwort

Es gab eine Zeit, in der ließ mich meine Vergangenheit nicht los. Selbstzweifel und Niedergeschlagenheit bestimmten meinen Alltag. Um mich herum wurde es scheinbar immer hektischer und lauter. Viele kennen sicher genau diese Gefühle, ohne zu wissen, wie man da wieder herauskommt oder wer dabei helfen könnte.
Diese unangenehmen Gefühle und die Konflikte mit meiner Umwelt sollten mich eines Tages zur Tür eines Menschen leiten, an die ich bis heute noch gern klopfe um meine innere Stärke wieder zu gewinnen, wenn die Welt in mir und um mich herum einmal grau zu werden droht.
Allerdings ist dies nur sinnbildlich zu verstehen, denn seit einigen Jahren sehen wir uns nur noch per Video. Erstaunlicherweise funktioniert die Hypnose online genauso gut wie live; heute sind wir ein gutes Team und reisen gemeinsam durch Raum und Zeit, wie es in diesen Berichten niedergeschrieben wurde.

Alles begann mit einer Gesprächstherapie bei einem Heilpraktiker für Psychotherapie, der sich auf diesem Gebiet als eine echte Koryphäe erwies.
Neben vielen Gesprächen, dem Aufräumen meiner Gedanken und der Stärkung meines Selbstvertrauens, fanden wir sehr zeitig heraus, dass wir eine Leidenschaft teilten: das Ausprobieren neuer Wege in der Hypnose und die Erkenntnis, dass es scheinbar keine Grenzen in dieser Dimension gibt, außer denen, die man sich selbst im Inneren aufbaut.
Die Heilung meiner psychischen Probleme, innere Ruhe und mentale Stärke waren das Therapieziel und im Verlauf der Hypnose-Sessions kamen wir diesem Ziel immer näher. Doch was sich daraus entwickeln würde, konnten wir selbst nicht im Entferntesten ahnen.

Ein sicherer Ort, an dem du dich wohl fühlst, dich fallen lassen kannst und tiefe Ruhe und Geborgenheit spürst, ein Zustand extrem tiefer Entspannung wurde mit diesem Hypnoseverfahren erreicht. Diese Ebene wird zu Recht auch als „Wohlfühloase" bezeichnet.
Meine Wohlfühloase ist ein Stück Strand auf der schönen kanarischen Insel La Gomera.

Viele Jahre reise ich nun schon in der Realität zu diesem kleinen Flecken Erde und jedes Mal spüre ich das Flair, welches mich durchströmt - schon mit dem ersten Schritt, den ich auf die Insel setze.
Dieser Ort ist für mich magisch. Also lag es nahe, auch in der Hypnose diesen Ort zu wählen.
Natürlich hat jeder, der sich in eine Hypnose begibt, die Möglichkeit seine ganz persönliche Wohlfühloase zu wählen, ganz nah oder ganz fern oder nur in der Fantasie - das spielt keine Rolle!
Was haben diese Reisen bei mir bewirkt?
Ich sehe die Schönheit, ich spüre Gelassenheit, Leichtigkeit, Liebe, ich sehe Orte und Konstellationen von purem Glück, Freude und Frieden.
Im Hier und Jetzt habe ich durch die Licht-Reisen einiges verloren: meine Selbstzweifel, die Traumata meiner Vergangenheit und natürlich diese deprimierende Niedergeschlagenheit, wegen derer ich die Therapie eigentlich begonnen hatte.

Die Erlebnisse in den verschiedenen Sphären unseres Universums und schließlich die Reise zu dessen Anfang und Ende und die Begegnung mit der Quelle von allem, was existiert, haben mein Weltsicht auf eine Art und Weise verändert, die man nicht mit Worten beschreiben kann.

Natürlich gibt es auch heute noch Situationen, in denen ich das Gefühl habe, in den Turbulenzen des Alltags unterzugehen. Davon bleibt wahrscheinlich niemand verschont.

Aber es gibt einen Menschen in meinem Leben, der meine Stärken und Schwächen kennt.
Er geht mit mir gemeinsam auf Reisen, lässt diese Welten, die wir besuchen, durch mich sprechen und ordnet die gefundenen Informationen und Eindrücke für mich ein.
Für ihn sind es wunderschöne Geschichten und unglaubliche Erkenntnisse, die ich von diesen Reisen mitbringe.

Seit ich mit meiner Merkaba Orte jenseits des Hier und Jetzt entdecke, bin ich ein anderer Mensch geworden. Ich wertschätze meinen Gegenüber, ich sehe in jedem und allem das Schöne und Gute, ich lerne und verstehe die Psychologie des Menschen und ich habe meine innere Stärke gefunden, die mich heute in schwierigen Situationen zwar hin und wieder verlässt aber doch schneller zurück ist, als ich es je erwartet hätte.
Ich danke dir von Herzen für all die Jahre Therapie, Begleitung auf sämtlichen Reisen, die wir gemeinsam erleben durften und für dein Können, welches mich heute zu dem gemacht hat, was ich bin. Ohne dich wäre ich niemals so weit gekommen.

Es ist so, dass die Energieübertragungen, die ich auf den Reisen von verschiedenen Wesenheiten erhielt, nicht nur in der Hypnose spürbar sind, sondern auch noch im Hier und Jetzt - sie helfen mir, den Alltag leichter zu bewältigen.

Manchmal, wenn ich im Yoga zur Ruhe gekommen bin, spüre ich ihre Hände auf meinen Schultern und dieses wunderbare Gefühl von Wärme und Energie, das mich durchströmt. Manchmal lächeln sie mich im Vorübergehen einfach nur an, um dann wieder aus meinem Gesichtsfeld zu verschwinden. Es ist diese Magie im täglichen Leben, die weit über die eigentliche Hypnose hinauswirkt und es ist das, was bleibt.

Printed by Amazon Italia Logistica S.r.l.
Torrazza Piemonte (TO), Italy

61398790R00050